시문작가

시와문화

시문작가

[시와문화 작가회 회보 1]

■격려사

한국시의 내일 여는 도량으로

박 몽 구
(시와문화 주간 · 한국작가회의 시분과위원장)

수단의 속담에 '빨리 가려면 혼자 가고, 멀리 가려면 함께 가라!'라는 말이 있습니다. 모든 게 부족하고 척박한 땅에서 자신의 몸을 무기로 살아가는 사람들이 긴 사막을 뚫고 오아시스로 닿는 법을 일러주는 경구입니다. 하지만 이는 멀리 아프리카 사람들의 삶을 가리키는 말을 넘어, 오늘의 세태를 잘 닦인 거울같이 보여주는 말이기도 합니다.

특히 오늘의 시단 풍토를 잘 지적해 주는 말이기도 합니다. 오늘의 시단처럼 상업주의로 물든 곳은 찾기 어려울 것입니다. 세칭 메이저 출판사들은 잘 팔리는 시인들을 선점하는 데 혈안이 되어 있는 가운데 전에 없이 많은 매체들이 범람하고 있음에도 불구하고, 우리 시의 수준이 예전 같지 않다는 말이 심심찮게 들립니다. 또한 숨은 곳에서 장인처럼 정진하는 시인들이 적지 않지만 정작 이들이 설 마당은 마땅치가 않습니다. 세칭 유명세가 붙은 시인들에게는 지면이 풍성하게 주어지는 반면에 묵묵히 시를 써 나가는 평범한 사람들에게는 지면이 지극히 인색한 것이 현실입니다.

이런 시단 환경을 돌아보면서, 새삼 '시문 작가회' 여러분의 발분이 매우 중

요하다는 생각이 듭니다. 서로 의지가지가 되어 오늘의 삭막한 시단 현실을 헤쳐가는 도반으로 살아가는 모습이 참 좋습니다. 서로 지치지 않게 격려와 위로로 멀리 보면서 시의 길을 활짝 열어가리라는 믿음이 있기 때문입니다.

하지만 이 같은 도반행과 함께, 자칫 섹트주의로 빠지는 것을 경계하면서 시의 도반을 좁은 울타리에서 벗어나 넓은 세계에서 만나는 것도 매우 중요하다 할 것입니다. 그럴 때 시를 보는 시각도 넓어지고 그만큼 공감대가 넓은 시를 써나갈 수 있는 힘이 생기기 때문입니다.

우리 시와문화 작가회는 '평등과 소통을 지향하는 시 전문지'《시와문화》 출신들이 대부분이지만, 참여하고자 하는 이들에게는 경계를 두지 않고 두루 문호를 개방하고 있는 줄 압니다.

그런 점에서 개인주의와 섹트주의가 만연된 오늘의 세태를 넘어, 넓은 시적 시야를 가질 수 있는 도량이라고 할 것입니다. 부디 여러분이 경계를 과감히 허물고, 나아가 이타정신으로 함께 하여 시의 도반들에게 아름다운 시의 열매를 맺게 해주는 도량이 되기 바랍니다. 나아가 한국의 밝은 내일을 견인하는 전위로서의 위상을 분명하게 해주기 바랍니다. 여러분에게 힘찬 박수를 보내드립니다.

■ 인사말

서사

노 인 수
(시인 · 시문동인회장)

다 미치광이야
주파수를 맞출 수 없네

이 산천은 얼마나 아름답고
그분의 섭리는 너무나 무서워

진달래 피고 잔디도 이미 눈을 떴는데

동무야
흐트러진 시베리아 황사 사이로
입 맞춰 보지 않을래

어제는 서쪽을 향해 울부짖기라도 하고
시방은 태평양을 향해 너울너울 춤이라도 추자

수상한 세월에
널 만났기 때문

■회원 작품

흥거* 외 1편

오 현 정

몸이 차다고 해서 흥거를 식초에 담근다
첫 보랏빛이 봄눈인 양 병 속의 물로 스며든다

인도 갠지스 강가의 노을 식당에서
코를 찡그리며 작은 양파절임을 먹을 때
배운 학문보다 두 발로 걷는 견문이 더 짱짱 귀를 울린 것처럼

찬밥을 먹을 때
놋주발을 감싸던 마음이 더 뜨건 불길로 달아오르거나

얼음길 걸을 때
용감무쌍하고 뻔뻔하고 날랜 노동으로
바람의 가슴을 헤치고 본 것과 만진 것을 쨍쨍 부른다

잘 휘어지지 않는 혀 위에 김을 올리고
말랑말랑한 피와 살마저 얹어 준다

뜨거운 것은
바람의 숟가락처럼 식지 않는다
아랫목의 따뜻한 밥이 여가가 될 때까지

* 흥거興渠: 인도에서 재배하는 오신채 중의 하나인 아사퐈티다Asafetida. 보랏빛 양파와 비슷함.

그게 무슨 뜻이죠, 네?

말 수를 줄였어요 한 템포 느려졌어요 당신이 요구하면 역제안을 했죠 부드럽고 힘 있게 거절하죠 통제할 수 있는 거절은 나의 권리니까 원칙 없는 착함은 당신이 나를 함부로 할 거예요 모든 인생에는 단계가 있죠 지루한 폭설도 넘치는 물난리도 잘 견디고 있어요 로키산맥의 비바람과 눈보라를 견딘 나무는 울림이 최고 좋은 바이올린, 봉채가 풍채를 물러나게 하죠 병든 소는 우황을 주고 생살을 찢는 조개는 진주를 키우죠. 병든 고래는 향수를 만들고 마스크로 가린 나의 입술은 당신이 오시기를 주문 하죠 북극이 진동해요 몸살이 심해요 더 이상 뒷걸음 칠 수가 없어요. 맑은 기별은 언제 오나요 분리수거를 부지런히 해도 이 모든 것이 내 탓이라고요?

오현정 ‖ 1989년《현대문학》등단. 시집『지금이 가장 좋은 때』,『라데츠키의 팔짱을 끼고』,『몽상가의 턱』외 다수. 한국시인협회 이사, 한국현대시인협회 이사, 국제PEN한국본부 이사, 한국여성문학인회 부이사장, 한국문학비평가협회 부회장, 한국힐링문학 부회장, 시와문화 편집자문위원, 한국작가회의 회원. every424@hanmail.net

그 길 훤하다 외 1편

마 선 숙

눅진한 상처들이
누더기처럼 너덜거려
집을 등지고 먼 곳으로 떠난다

회색 나무속으로 들어간다

내 속 어린이
속에서 나와
타박타박 나란히 걷는다

일상의 통증들
마디마디 촉촉이 소생한다

빈약한 슬픔들이
잠자리채 속으로 빨려 들어간다

햇살 똑바로 쨍하다
길 끝 집 한 채
훤히 보인다

새벽은 멀지 않다
점점 가까이 다가오고 있다

붉음이 떠난 자리

자기 색 초록 잃으며
속울음 삼켰다

병충해로 파 먹히고 검버섯으로 잠식되어
붉게 멍들었다

허공에 매달려 살 땐
꿈도 달처럼 풍성했다
자기도 삼라만상 우주의 주인이란 듯

낙엽보다 단풍시절이 그리웠을까

욕 같은 생애
구둣발에 바스러진다

붉음이 떠난 그곳
내 자리에서도 멀지 않다

마선숙 ‖ 2013년《시와문화 》시 , 2014년《불교문예》 소설 당선. 시집 『저녁 십분 전 여덟시』, 소설집 『몸이 먼저 먼 곳으로 갔다』 등 있음. wwriter@hanmail.net

쫓겨난 고향 외 1편

노 인 수

어머니 홀로 되어 객지 아들이 사드린 읍내 아파트
어머니도 떠나시고
얼굴 모르는 사람들이 살다 가곤 하였지요.

그래도 읍내에 들라치면 먼발치에서 바라보던 우리 집
그런데 시골집도 주택거래에 셈이 된대요.

고향 언덕이 그리워 덥석 산 수도권 전원주택
가족은 도회로 가자고 다시 돌아온 서울 생활
졸지에 세상 질시의 다가구 주택자

새 집 사면 *취득세율 12%
서울 집 세금이 고향 집값보다 많으니.
어쩌란 말이요.

도시 자유 얻으려면 시골 말뚝 뽑아버리라는 나랏님의 명령 따랐지요.
언제 돌아오지요.
누굴 기다릴까요.

*2021. 11. 29.자 서울 아파트 중위 가격 10억 8천만 원

중간고사

시험은 늘 손주일이랬는데
또 시험이래

소리만 들리면
머리가 먼저 아파온다.

나이만큼 배운 만큼
까먹는가 보다.

배운 내용은 잊혀졌고
머리속은 미리 하얗다.

계속해야 하나
말아야 하나

계속되는 망설임

그래도 응전의 시간이 오면
일단 부딪쳐 보는 본능

시험 시간은
늘 뭔가 이루어진 뒤였다.

노인수 ‖ 2018년 《시와문화》 등단. lawwin475@hanmail.net

전지훈련 외 1편

임 영 화

언제라도 떠날 채비가 되어 있는 게르
유목은 매일 이별을 연습하고
사막을 건너온 숨 가쁜 바람과
끝도 시작도 없는 유랑의 노래

몽골행 저녁 비행기는 벌써 발그레 들떠 있었다

활주로를 내달려
순간과 공간이 부딪칠 때
튀는 불꽃과 하나로 모아지는 염원은
중력을 뚫고 시원하게 솟아오른다
쇠고랑에 묶인 채 숨죽이는 기다림
자유는 창밖 저 혼자서 펄럭이고

우린 단체로 한 마리 새가 된다
높은 구름이 어깨를 툭툭 치며
지구를 떠나는 연습을 응원한다
끝없이 펼쳐진 솜이불 위에 살짝 누워
벗겨진 신발이 심연에 잠길 때쯤

영롱한 별 한 개
노을을 앞장서 간다

전지훈련은 이미 시작되었다
버킷을 힘껏 차버리고 훌훌 떠나는 여행
누구나 꼭 한번은 맞닥뜨리고야 마는
언젠가의 그 멋진 이륙을 위하여

어머니*

좋아하는 생선이 무엇이냐 묻기에
멸치라고 했더니
그게 무슨 생선이냐고
그건 그저 밑반찬 중 하나라고

좋아하는 꽃이 무엇이냐 묻기에
안개꽃이라 했더니
그게 무슨 꽃이냐고
그건 그저 장미꽃 들러리라고

어떤 사람 좋아하냐 묻기에
밑반찬 같고 들러리 같은 사람!
말해 놓고 나니

아!
떠오르는 사람 하나 있다

*2016년 지하철 시민 공모작 선정. 종합운동장역, 학여울역, 마들역에 게시됨.

임영화 ‖ 2018년 《시와문화》 등단. yhy412@hanmail.net

어머니를 낳고 싶다 외 1편

조 삼 현

어머니 무덤가에 엉겅퀴꽃 피었다
너도 필시 내 어머니 늑골에 빨대를 꽂아
탐스럽게 피었으리, 그러고 보니
너와 나는 한 뿌리 남매구나
허릅숭이 이 오라비 어느 변방 떠돌다
느닷없는 천둥 소나기에 등짝
억수억수 두들겨 맞고 흠뻑 젖어, 불쑥
재채기처럼 터져버린 그리움
목젖 갉아대는 그리움에 우우
억새 바람으로 울고 있을 때, 네가
어머니 곁 자줏빛 조등弔燈 환히 걸었구나
누이야, 진자리는 아니더냐
어머니 처소가 춥지는 않더냐
눈물 한숨 설움 고단 보릿고개 이런
배고픈 오색 나물에 입맛 다시다가
애들아, 너흰 이런 것 먹지 말고
진미珍味 드시게, 하시지는 않더냐
누이야, 네 꽃말은 건드리지 마
네가 흙이 되고 내가 재가 되는 날 우리

엉겅퀴 엉키엉켜 어머니를 만들자
어머니를 낳아 어머니 사랑
딱 그만큼만 어머니를 키워보자
등골이 휠 때까지, 관절염 두 다리
질- 질- 유모차에 끌려갈 때까지

둥둥

경적 소리가 검은 도로를 끌고 간다. 도르 도르르르, 바람의 바퀴를 밀며 굴러가는 낙엽이 도르래 소리를 낸다. 바람의 방위에 따라 남쪽에서 북쪽으로, 북쪽에서 남쪽으로 굴러다니며 원圓을 그리는 낙엽. 저 도르래는 가을에서 겨울, 겨울에서 봄으로 가는 시간의 쇠사슬을 잡아당겨 영원히 마르지 않는 샘물을 길어 올리는 중이다. 우주의 시간은 천 년이 일각이어서 천 년 백 년 하루하루가 사슬의 고리 하나로 수렴된다. 과거와 현재와 미래, 너와 나라는 고리가 뫼비우스의 사슬이 되어 누군가는 샘물을 길어 올리고 나그네는 갈증을 해갈하고 어딘가로 떠나가고 있다 우린 지금 미래의 우물에 독극물을 뿌리고 있는 것은 아닐까? 도르래, 도르래 하다 보면 무언가가 가고 무언가가 오는 도래가 되기도 하는데, 올라온다 올라와 뇌가 없는 시간, 다리가 없는 시간, 손이 없는, 눈과 심장이 없는, 남녀 생식기가 없는 신생의 시간이 도르래에 매달려 레밍처럼….

거 봐! 100년 후 길어 올린 샘물에 미립자 폐비닐과 기름때 찌든 향유고래 피눈물이 둥둥 떠 있다, 없다?

조삼현 ‖ 2008년 월간 《우리시》 등단. 시집 『어느 수인에게 보내는 편지』 있음. sam32112@hanmail.net

너의 사적 모멘트 외 1편

김 두 례

너보다 키가 크고 손이 크고
발이 넓은 그
스패너를 가볍게 돌려 너트를 풀고 조이지

그런 그가 '잔나비는 나비야'
'잔나비는 나비가 아니고 원숭인데요'
너는 그의 귀에 말을 넣어 주었어

귀를 씻는 그와 말을 넣어 주는 너는
잔나비와 나비를 팽팽하게 붙잡지

'잔나비는 나비야'
나비는 날아다닐 수 있고
잔나비는 날아다닐 수 없어요

스패너를 찾아주면 너트를 가볍게 푸는 그에게
자는 나비? 잔나비는 잔을 빼면
날아다닐 수 있어요

잔나비를 찾아다 주는 그에게
너는 나비로 잔나비를 조이고 풀고
잔나비는 날개를 달고

드라이 플라워

햇살 한 모금으로 어찌해볼 수 있을까요. 대꾸할 수는 있어요. 나비 한 마리와 바람 한 점 보이지 않네요. 나에게 노크할 수 있는,

내 취향의 뒷면, 아침저녁으로 보여주는 민낯으로 하루가 지나가요.
내가 나에게 말하지요. 암술과 수술 꽃잎의 흉내로 표정을 바꿀 수 있겠냐고, 나에게 사계절은 한통속이어서 사방이 막혀 있는 것과 같다고
꽃향기를 맡으면 나비가 되겠지요. 나비춤을 추겠지요.

자리를 지키려는 당신을 믿어요. 둥그런 당신의 눈빛이 말해주어요. 나비가 날아야 향기가 나는 걸까요. 시들지 않는 꽃은 열매를 맺을 수 없는 걸까요 달처럼 골똘해진 하루가 지나갑니다.

당신과 서로 바라보고 있어요. 그 자리를 지키고 있다는 것은

김두례 ‖ 2019년 《시와문화》 등단. 시집 『바그다드 카페』 있음. 《시와문화》 편집차장. 동서문학회, 한국작가회의 회원. k1004you@naver.com

기차여행 외 1편

이 경 순

햇살 따라 길을 내며
끊어질 듯 이어지는 기적소리

붉은 혈관처럼 달아오르던
갱년기 우울증은 부곡역에서 내리고
10살 소녀의 생각이 속도를 내며
따뜻한 기억 속으로 날아올랐다

방학이면 콩콩거리는 설렘이
좌우로 흔들리던 외할머니댁
들판을 가르는 바람과 크고 작은 나무들이
가까이 다가왔다가 순간순간
시간의 뒤쪽으로 사라질 때
새파란 하늘을 가르는
할머니의 주름진 음성이 귓가에서 맴돌았다

퀴퀴한 거름 냄새도 반가운 인사였던 마을
어귀에서부터 한 바퀴 도는 내 유년
어제의 걱정을 하나둘씩 떨쳐 버리고
하얗게 손 흔들며 뒷걸음질 친다

바람개비

색색의 위성 하나 띄워 올립니다

골목길이 열리고 허공도 길을 만듭니다

달리는 속도에 바람을 들이고
궤도 밖으로 밀려나지 않으려고
몸부림으로 중심을 잡았습니다

날개의 진입이 얽혀지지 않도록
바람의 교신을 들었습니다

목련이 진다
벚꽃이 떨어진다
꽃 지는 아우성

속도를 늦추면 어제로 돌아 갈까봐
혼신의 힘으로 시간의 끝을 잡고 있습니다

꽃잎들은 한 계절을 짊어지고 분분히 사라졌습니다

높이
더 멀리

이경순 ‖ 2018년 《시와문화》로 등단. '늘시 동인회' 회원, 한국문인협회 회원. 《시와문화》 편집차장.
ksangel61@naver.com

코로나 일기 외 1편

한 명 환

1
혼자서도 잘해요
술 마시고 소변보다 깨달았다
인간이란 종족은 이 쾌감이구나
이 배설의 기쁨을 종족 번성에 이용하셨구나
코끼리는 몇 초
토끼도,
거대한 공룡도 잠깐이라는데
아, 오래 하는 놈은 인간밖에 없구나

2
내가 얼굴도 작은 편이라
마스크를 쓰면 완전 복면이다
낮에 술 한잔한 거 감추긴 좋아
사과 한 봉지, 스낵면도 사고
계산하려는데
계산대 여직원이
아버님 ~
부르더니 할인 번호 아세요 한다

-아, 마스크 써 봐야 헛일이구나

3

대낮에 집에서 영화 〈캐스트 어웨이〉를 본다
톰 행크스가 외로움을 이기기 위해
자기 안의 윌슨을 꺼낸다
윌슨은 페덱스 배구공이 아니라 행크스의 또 다른 분신
이대로 잊혀질까 하는 두려움이
그를 강하게 했다

4

아내랑 뽕뽕을 가지고 밤새 싸웠다
아내가 뽕뽕만 보고 싶어 해서였다
나도 뽕뽕 씨를 두어 개 샀다
그 뒤 뽕뽕이 닮으면 술을 마시다가도
뽕뽕이 밤새 일어나면 다음 날 아침 콧노래를 불렀다

'뽕짝'의 평정

'외로운 산장'에서 태현실이 김진규가 산장에 나타나자 소리 지른다 젊은 날 내 가슴 짓밟고 가버린 당신! 닥치시고 나가 주십시오 아닙니다 다 하늘이 하는 일입니다 부모에게 잘못을 탓할 순 없습니다* 김진규는 징용을 떠나 암까지 걸려 돌아와서 얼굴도 모르는 딸에게 각막을 준다 검은 장갑~ 끼인~ 손 노래가 흐르고 사랑은 증오로, 증오는 복수로 오래된 귀신 분자들이 충돌하여 에너지가 상승하는구나 오 트롯! 레트로피아!** 노세 노세 젊어서 노세 젊으나 늙으나 뽕짝의 시대

*1974년도 개봉 영화 〈외로운 산장에서〉 태현실과 하녀 대사 인용
**레트로피아는 지그문트 바우만의 명저 명

한명환 ∥1992년 《시와사회》 평론, 2010년 《시와문화》 시 등단 . 홍익대 대학원 졸. 문학박사. 시집 『수단의 아이스크림』 외 다수. hmwaa@hanmail.net

하울링 외 1편

백 애 송

밤새 비가 내렸다 그치길 반복한다

어둠 속에서도
비는 바닥을 찾아간다

아마존에 사는 잎꾼개미는
자기의 머리에 이고 나를 수 있을 만큼만
먹이를 잘라서 이동한다

딱 그만큼만

조각날 것 같은 하늘을 머리에 이고 가는
우리의 발자국

비의 울림이 진동하는 밤

잎꾼개미의 조각난 나뭇잎 한 장이
어딘가에서 울고 있다

흠뻑 젖은 채

언젠가 돌아올 거라는 믿음을 저버린 채

목련

마음을 맞추는 것보다

끝난 마음이
제 자리를 찾아가는 시간이 더 서툴다

그러니 우리 잘 헤어지기로 하자

예정에 없던 예쁜 말은
생략하기로 하자

바람 부는 날 먼지를 털면
그중 몇은 다시 돌아오는 것처럼

아무리 멀리 던져도
원반이 제자리인 것처럼

기적을 바라는 것이
어쩌면 기적으로 남을지 몰라

끊어질 듯 이어지는 서사에 대해
우리 이제 그만 작별하기로 하자

백애송 ‖ 2016년 《시와 문화》 시, 《시와 시학》 평론 당선. 시집 『우리는 어쩌다 어딘가에서 마주치더라도』 있음. 2021년 《시와문화》 젊은 시인상 수상. 《시와문화 》 젊은시 편집위원, 광주대학교 초빙교수. island26@hanmail.net

느림보 우체국 외 1편

김 영 숙

썼다 지웠다 밤새운 편지 속에는
아름드리 단풍나무 그늘 아래
다크써클이 내려앉은 나와
생기발랄한 그대가 앉아 있습니다

그대를 잃어버린 뒤에도
함께 있던 시간에 푸른곰팡이가 생길 때까지
슬로시티를 산책했습니다

내 마음은 구겨진 파지
한 글자도 살아남지 못하고
헝클어진 백지입니다
그러나
곰삭은 기다림이 흥건한 슬픔을 부치러
달팽이 걸음으로 집을 나섭니다

아득하게 열리는 느림보 길가
빨간 우체통이
바람의 눈빛으로 바라봅니다

먼 훗날 그대가 편지를 받아들 때
잔뜩 짊어졌던 이승의 무게 다 내려놓고
사랑으로 얼룩진 빈 가슴만
펼쳐보게 될 것입니다

봄, 삭제되다

늙어버린 그림자 구부정 걸어온다
느릿느릿 봄의 경계까지 클릭하지 못한다

초록빛깔 잃어버린 거리
입술 없는 얼굴들
설레는 눈망울 대신
안개 낀 잿빛만 서성인다

전쟁 통에 직격탄 맞은
꽃송이는 부서지고
발아되지 못하는
그녀의 꿈
자꾸만 멀어진다

재생 버튼을 찾고 있는 사이
검게 얼어붙은 어둠이
사정없이 키보드를 누른다

데칼코마니 계절이
줄줄이 삭제된다

김영숙 ‖ 2018년 《시와 문화》 등단. 시집 『완전한 이별』 있음. 《시와 문화》 편집차장, '늘시동인회' 회장, '심상문학회' 회원. asrsh@hanmail.net

한 줌의 심장 외 1편

박 시 영

어스름 국도를 지날 때 보았지

푸르스름한 하늘의 둥글고 흰 달
빠르게 지나가는 검은 구름, 검은 나무들

푸른 행성에 기생하여
우주를 떠도는 한 줌 심장들이지

바람의 이빨을 지닌 날카로운 순간들

차창 너머 소리 없이 떠가는 풍경이나
삶은 닭을 뜯고 있는 식탁의 침묵 속으로
고양이처럼 얼굴을 묻지

저물녘의 맥박을 닮은 것들
뒤척이는 자에겐 유효한 길이 되는

차가운 피 온몸을 감싸고
붉은 신호등이 켜지고

우주 한 모퉁이의 무너짐처럼

그것들, 꽃이 될 수 있는가

물렁한 한 움큼의 심장에
손을 대 볼 때마다

임계점

벚은 가지 위에 연둣빛 소복하다 낮은 곳에서 소리 없이 피어나는 흰보라 개불알꽃 너는 정주하지 않는 유목민 같아 만남은 자꾸 비켜간다 허전한 발목들 제 안의 숲으로 흘러들어와 초목 사이 바람의 손목 잡고 빠져 나갈 때 숲속에 남겨진 마른 덤불 같은 문장에 숨어버린 슬픔도, 뼈만 남은 언어의 등뼈도, 두고 온 사람의 뒷모습만 같다 초목은 연둣빛으로 살랑거리고 젖은 슬픔이 커피 한잔의 온기로 날개를 데운다 사막에 눈 내리고 동토에 폭염이 쏟아져도 임계점의 시간은 자꾸만 유예되고 만다

박시영 ‖ 2007년 《시와상상》 시 등단. 2021년 《시와문화》 평론 등단. 시집 『바람의 눈』 있음. 현재 《시와문화》 젊은시 편집위원. dorazi43@hanmail.net

간밤을 문상하다 외 1편

김 문

냄새들 꽁꽁 얼어붙었다
어수선한 마지막 식사의 흔적들
혀를 밖에 두고 입을 잠근 것은 더 이상
비루한 생을 들이지 않겠다는 것

안전한 길은 언제나 난간이었다

담장과 가로등 사이 얼룩무늬 자루 하나
뒤돌아보다가 돌이 된 너, 혹은 나
체온을 버리고 난간을 버리고
제 울음에서 아스라이 멀어졌으리라

상갓집 천막 같은 지붕 위로 어둠이 모여든다
오소소 소름이 부르는 소리 듣지 못한 귀
골목은 지금 간밤을 문상 중이다

소소한 기척에도 후다닥 담을 통과하는 자루들
난간일수록 재빠르게 지나가야 허방을 재낄 수 있다고

눈발 휘청휘청 사라지는 골목.

모든 맛에는 죽음이 첨가되어 있다

먼 곳들이 돌아오는 시간

눈보다 먼저 달아나는 풍경들, 먼 곳들이 사라지는 때
볼록렌즈의 풍경들이 멀어져가는 시간을 부른다
언젠가 한 번쯤 마주친 눈빛, 눈감아 외면했던 얼굴들이
바짝 다가와 있다

볼록렌즈는 태아의 방, 검은 물고기가 지느러미를 흔들며 지나간다
검은 사내가, 검은 꽃이, 그리고 검은 기록들이 상층부에서 나를 안내한다

렌즈는 풍성했고 안구는 건조했다
난감한 표정으로 어두운 귀를 밟고 서 있는 눈
오랫동안 갇혀있던 난시의 문장들이 가늘고 긴 다리를 건너온다
눈眼길에도 수많은 골목이 있어
곡선을 달리는 바람은 제어를 놓치곤 한다
먼 곳의 것들이 먼저 들어오고 가까운 것들 창밖에 몰려 있는
읽히지 않는 원근의 페이지들
콧등에 전망 좋은 두 개의 창
몸을 나간 바람이 종일 돌아오지 않는다

지구본을 닮은 여자가 유리창을 읽고 유리창을 넘긴다
세계는 지금, 그녀의 귀에서 눈까지의 거리로 압축된다

김 문 ‖ 2016년 《시와표현》 등단. ks-rainbow@hanmail.net

피자두 외 1편

김 순 옥

간절히 매달려 본 사람은 안다
어딘가 겨우 잡고
이러지도 저러지도 못하다가
붉은 피멍 든다는 걸

거미줄에 거꾸로 매달린
날짐승을 보았던 적이 있다
미풍에도 손 놓칠까
바닥에 내동댕이쳐질까
가슴 조이던 날개 달린 작은 짐승

온몸이 타들어 가는 여름
태풍이 통째로 지구를 흔들어도
가느다란 줄기에 의지한 채
가파른 욕망을 견뎠다

맨몸 더께 진 상처 드러나
피딱지로 맺혔으나
더 이상 불임의 바람은 없다

한 입 베어 물었다
눈물, 주루룩
붉은 생으로 흐른다

생선전

생선 좌판 퍼덕퍼덕
바닥을 쳐대는 지느러미
태평양을 주름잡던 버릇 버리지 못하고
무리를 부른다

눈만 동그랗게 뜨면 살 수 있다고
축축한 등 지느러미 곧추세워
무리를 찾아 샅샅이 탐지하는데

떨이로 결정되는 순간
시퍼렇게 질린 등
파르르 떠는 지느러미
긴 하루 축 늘어지는 시간

시장은 얼마나 잔인한가

스스로 숨 멈추기를 기다리다
흥정도 마다하고
바다의 기억을 지운다
바구니 가득 그들을 넘긴다

김순옥 ‖ 2020년 《시와문화》 등단. 시집 『겨울 히야신스』 있음. kso0341@hanmail.net

일요일의 일 외 1편

장 수 철

오늘의 일은
속이 빈 거대한 원기둥을 싣고 가는 것
여기서부터
가 본 적 없는 그곳까지

보이지 않는 오늘의 무용한 책무를 다하는 것

어떠한 신전의 지붕도 얹을 수 없이
한없이 가볍고 어마어마한 부피를 지닌 커다란 원기둥들

저 거대한 신들의 빨대를 멀리로 옮겨주는 것
여기서부터
처음 만나게 될 가장 아름다운 벼랑까지

날아가거나 흘러내리지 않도록 단단히 묶어 둔
3번과 4번 요추가 뻐근해지도록
원기둥들이 담고 있는 일요일의 일과 같은 것들을 싣고
마지막 밤의 벼랑 끝까지 달리는 것

로프를 끊고 날아가는 원기둥들을 환하게 바라보는 것

적설

죽은 사람의 얼굴 위로 흰 천을 덮는 것은 죽음을 가리려는 것이 아니라 죽음에게 삶의 누추를 들키지 않으려는 것이다 사랑이 끝장난 지표 위에 눈이 쌓여 덮인다 사랑 이후의 남루를 들키지 않으려는 듯 누군가의 이름을 한사코 지우려는 결기 같은 것들 지울 수 없는 것들을 깊숙히 묻는 마음 같은 것들이 무수한 점묘의 붓끝이 되어 지상을 덮는다 방치된 차들의 검은 지붕과 지붕이 내려앉은 슬픔의 가옥들 도시의 흉곽을 길게 가르는 검은 도로 위로 거대한 데드마스크가 떠오른다

장수철 ‖ 2009년 월간 《우리시》 등단. 시집 『낭만적 루프탑과 고딕의 밤』 있음. 《시와문화》 젊은시인상 수상. 《시와문화》 젊은시 편집위원. rococoman@naver.com

재두루미 외 1편

이 소 율

한 마리
무애천에 두 발 담그고 있다
장수는 타고났어도
삶의 비결은 모르는지
먼 산을 보고 있다
색비 맞아 찢어진 치마
휘감은 백일홍
눈웃음치거나 말거나
청둥오리
쌍쌍이
사랑을 나누거나 말거나
왜 혼자냐고 물어봐도
못 들은 척
언제부터 외로웠는지
외로움을 졸업했는지
멍 때리고 있다

혁명

봄 봄 봄
새싹들이
혁명을 일으킨다

총기도 없이
땅을 들어 올린다

잠간 사이
대지를 뒤엎어 점령하고

온 산, 들, 바닷가에
초록 군화를 신고
진을 치고 있다

이소율 ‖ 2012년 《시와 문화》 등단. 시집 『익명적 중얼거림』 있음. siltarae@naver.com

매화 외 1편

조 성 식

차가운 별빛, 서릿발처럼 쏟아붓는
백운산 기슭에서 그녀를 만났다

진종일 몸 얼렸다 녹였다
물새처럼 매일매일 삶을 자맥질하는 여인

망덕 포구에서 벚굴 익어간다는 소식을
생솔가지에 띄워 보내온다

소소리바람이 꽃망울 핥고 섬진강 건너
천왕봉 하얀 잔설을 만날 때쯤

그녀는 치마를 한 뼘 한 뼘 올리더니
하얀 허벅지를 드러내고

벚꽃 숭어리처럼 부푼 내 마음만
포구의 노을에 붉게 물들고 있었다

냉이 무침

냉이 무침이 저녁 밥상에 다소곳이 앉아 있다

눈보라 속 함께 걸어온 논둑과 밭둑,

그곳에 메마른 전잎 두어 장 깔고 자란 냉이

여린 몸으로 허기진 어머니의 밥상을 품어 주었다

아내의 손끝에서 되살아난 쌉쌀한 손맛

입속 가득 냉이꽃으로 피어나고 있다

조성식 ‖ 2017년 《시와문화》 등단. 시집 「가련봉까지는 가야 한다」 있음. 광주시인협회 부회장, 국제펜한국본부 회원. 현재 원광보건대학 겸임교수. choss5841@hanmail.net

갈라파고스 해변에서 외 1편

장 수 라

바다사자를 만나러 갈라파고스로 가야지
모래 위에서 뒹굴뒹굴 낮잠을 즐기다가
낯선 여행객의 눈길도 무시해야지

오후가 기울어진 숲을 바라봐야지
경계 없는 눈빛으로 느슨한 오후를 떴다 감았다 하며
분홍이구아나가 되어야지

동물원을 깨부수고 야생이었던 본래의 그곳에서
고독이 처음인 것처럼 마지막 종이 되어야지
산소를 호흡하고자
열망으로 가득한 날들을 뒤로하고
없음으로 이끌리는 바다에 몸을 던져야지

종의 기원을 쓴 다아윈의 발자국을 따라
코를 킁킁거려야지
하루 종일 짝을 찾는 황홀한 오후를 보내야지
이쪽 해안에서 저쪽 해안으로 해가 질 때까지
시계바늘이 가리키는 숫자를 지우고

늘어진 시간을 묶어 놓아야지

코끼리거북 등딱지 주름을 지루하게 세면서
다른 무언가가 있다고 믿었던 혹은,
없을지도 모르는 언어들을 버려야지

밀양

숲속에 들어서니 당신이 불렀다. 알프스산맥 같은 등을 엎드리며 업어 주겠다고 했다. 새들이 일제히 지저귀기 시작했다. 미루나무 잎 부딪히는 소리가 쏟아지는 총격 소리 같았다. 가슴을 두들기는 이름의 울림. 없는 부두와 없는 도시가 출렁였다. 나는 어떤 대답을 할지 몰라서 겨우 돌탑 사이 빨간 야생화에 시선을 두고 있었다. 다른 곳보다 더 늦게 아침 해가 뜨고, 생선 가운데 토막 같은 석양이 하늘 중간에 걸리던 동네였다. 서쪽 하늘 끝으로 사라져가는 강가에서 갈댓잎을 한 움큼씩 훑어 던지며 놀았다. 길다랗게 드러누운 나무 한 그루가 멀리 흘러가고 있었다. 아침마다 강과 계곡을 열어젖히며 깨어나는 눈먼 자들의 도시. 모든 것들이 가라앉아 오로지 당신의 집만이 우뚝 서 있는 곳. 꿈은 사냥꾼처럼 드물게 내게 다가와 매일 밤 들짐승이 되어 찾아간다.

장수라 ‖ 2010년 《시와 문화》 시 등단. 2019년 《현대시학》 미술 에세이 작품 활동 시작. sura1027@naver.co

고사목 외 1편

주 선 미

봄 햇살 따갑게 쪼아대는 바다로 가는 길
여윌 대로 여윈 그리움 뼈로 남았다는 나무 고사목*
맨몸 드러낸 채 서 있다

제 몸으로 통하는 물길 끊어 죽음 이기고
돋아나려는 새 움
발등 위로 피워 올리느라 입속까지 말라 있다

그렇게 허기진 생을 마친 고사목
우리 집에도 있다

생명이 끊긴 줄 알았던 나무
맑은 찻잔 올리는 다탁으로 향기 피우고
든든한 책상으로 꿈을 받치고 있다

다른 생을 이어가는 고사목에서
평생 갯바닥을 만지며 살아온 얼굴을 읽는다

온 갯벌 바닥에 속울음 다 묻고

집채만 한 파도 뛰어넘다 세상의 끈 놓친 줄 알았던 남자

그리움처럼 길어진 밤
먼 길 돌아오는 발걸음 헛디디지 말라고 어둠 지우는 등불로 서 있다

서해 바람 막아 내느라 삭정이가 되었으나
자신의 키 뛰어넘은 나뭇가지 큰길 접어들 때까지

앙다문 입술에 배인 허기
빛으로 조금씩 뱉어내고 있다

*이성부의 시 「고사목」에서 인용

수렵도*

사위는 숨을 멈춘 듯
미세한 기척조차 일지 않았다

여백이 없다는 것은
출구도 없다는 것이다

꽉 막힌 화선지
먹빛으로 빚어 놓은
산짐승이거나
날짐승이거나
두 발 달린 짐승이거나
허공을 가르다 만 말의 갈기거나
선을 넘고 있었다

묵중한 먹빛은
서서히 덮여 오는 두려움 잠재워보지만
곧 비극으로 치달을 광풍
어두움 속으로부터
활활 타오르고 있다

양날의 검
무질서와 혼돈의 허공 내려긋는

순간,
찢어진 장막
폐허의 아수라장

인간의 촉수
물고 물리던 단말마 일 획의 절규
배신의 붉은 피 소스라친다

화선지 밖, 세상은 불통이다

*박노수 그림

주선미 ‖ 2017년 《시와문화》 등단. 시집 『통증의 발원』 외 3권 있음. 충남문화재단 창작기금 2회 수혜. 《시와문화》 젊은시인상. 《시와문화》 편집장. 한국작가회의 충남지회 사무처장. js3373@hanmail.net

뽀리뱅이 곁에서 길을 묻다 외 1편

한 도 훈

세상의 길이란 길 다 지우고 싶다
왜 그렇게 길들이 많은지
내가 가지 않은 길이 너무 많아
평생 아득바득 길 찾아 헤매었는데
너가 가고 내가 가고
늘 가고만 있는 죽음의 길
십년 전 돌아가신 아비가 나타나
앞장서서 걷던 돌밭길
이 길을 걸어 끝에 이르면
새벽빛이 화안이 빛나리
망초꽃으로 덮인 거무내 뚝방길 걷다가
뒤 돌아보면
어릴 적 친구 점수가 날아갈 듯 뛰어오고
지금은 무릎 관절로 절뚝이며 오고
시르메 뽕밭에서 딴 오디로 범벅된 입술
그 얼굴이 화인火印처럼 박혀 있다
길 우에 길이 천길만길 있고
길 아래에 길이 백길천길 있다
단추 구멍에도 우리가 찾아야할 길이 있다

영산강 지천 냇물에서 혼인색으로 치장한 피라미를
이리저리 몰아치던 그 길
어느 날 날도둑놈 만나 결혼 한 뒤 지치고 지쳐
물에 빠져 죽고 싶은 생이라고
한탄하는 꾀복쟁이 친구
숨만 쉬어도 모든 게 타벌릴 것 같은
번아웃 증후군을 앓던
물풀에 숨은 그 피라미 녀석을
두 손으로 잡아 모래밭에 던지던 그 모습
지아마게 숲길에 누으면 길잡이벌레가
어서 오라고 풀짝 뛰었지
기억 속의 길을 찾아 걷고 걷다가
한 포기 뽀리뱅이에게 새 길을 묻고 있다
조물주 걸작을 곁에 두고 한눈팔지 마라는
질책을 들으며…

뽀리뱅이와 눈 맞추다

우리 집으로 들어가는 나무계단 아래서
올해에 새로 만난 뽀리뱅이하고
눈 맞췄네이
작년에도 계단 틈에 뿌릴 내리고
노란 꽃까지 피워 꽃씨들 멀리 날려보내더니
올해도 봄 오자마자 내 손에 뽑힐 염려없이 자라
어김없이 한 세계를 열어젖혔네
그래, 뽀리뱅이 눈으로 만난 것들은 무엇일까
바로 곁 곰밤부리 꽃줄기 뻗어 내려
뽀리뱅이 이파리 덮고 덮어도
세상 바라보는 쬐끄만 눈이 있다면
햇살 한 줌 솜털 하나까정 밀려와
나무계단 썩어 내릴 그 순간까지 살아 있어라이
내 이 집 떠나면 마당 가득 지배자로 군림할 토끼풀
그 세력에 기죽지 말고
손자 손녀들 맘껏 키워 내야제
그저 비칠비칠 나무 등허릴 잡고 살아도
내 눈 속에 들어온 뽀리뱅이 너랑 친구헐랑께

한도훈 ‖ 2014년 《시와문화》 등단, 한국작가회의, 시산맥, 시와문화 작가회 회원. 시집 『오늘, 악어 떼가 자살을 했다』, 『홍시』, 『코피의 향기』, 소설 『벌거벗은 신들의 세상』, 동화 『독도야 간밤에 잘 잤느냐』, 『소라의 용못』 등 있음.

■수필

국화

김 은 옥

비 한 방울 내리지 않더니 이럴 수가 있나. 와이퍼가 소용없다. 물보라 뒤집어쓰는 자동차 후미 등 불빛들이 꽃밭처럼 웅성거린다.

비안개 사이로 하얀색 작은 용달차가 주춤주춤 끼어든다. 양쪽 뒷바퀴 위에서 뭔가 흔들리고 있다. 왼쪽 바퀴 위에는 노랑 국화, 오른쪽 바퀴 위에는 분홍 국화가 꽂혀 있다. 고르지 못한 도로에서 빗줄기에 두들겨 맞는 꽃송이들이 벌벌 떤다.

차에 꽃꽂이할 생각을 다 하다니 처음 보는 기특한 광경이다.

자신의 뒷모습을 한 번쯤 더 바라보아 달라는 마음에서였을까. 사랑하는 사람 머리에 꽃 꽂아주는 장면은 많이 봤지만, 자동차에 꽃을 꽂는 마음은 무슨 마음인지 궁금하다.

빗줄기는 사정없이 노랑 분홍 얼굴들을 후려갈기고 있다. 비 때문인지 자동차 어디를 살펴봐도 꽃을 꽂을만한 곳이 잘 보이질 않는데, 어떻게 꽂았을까.

위에 쓴 글은 지난번에 내가 보았던 장면이다.

다음 장면을 어떻게 적어야 할지 고민하다가 그 길 위에서 그 용달차를 또

보게 되었다고 적는다.

이번에 꽂혀 있는 국화는 전보다 좀 큰 분홍색들이다.

오늘은 짐칸에 덮개가 없다. 짐칸 안쪽으로 조화 두 대가 비스듬히 기대어져 있고 검은색으로 '謹弔'라고 써 놓은 띠가 넥타이처럼 매달려 있다. 바닥에 놓여 있는 상자에는 하얀 국화꽃이 가득 차 있다. 영정 앞에 놓아두는 국화인 모양이다. 모두 장례용품들이다. 뒤따르던 자동차들이 연이어서 우리를 추월하고 있다. 차선을 바꾸어서 용달차 왼쪽으로 따라붙었다. 열려있는 창턱에 운전자가 팔을 걸치고 있다. 사십 대 정도 남자인데 무엇엔가 골똘한 모습이다. 조화를 만들어서 배달도 하고 그러는 걸까? 아니면 물건을 받아다가 납품만 하는 걸까? 국화를 생각하는 마음이 예사롭지 않았나 보다. 문득문득 나들이 데려가듯 두 송이를 뽑아 들고는 차의 등뼈에 기대 놓았으리라. 그가 꽃을 사랑하는 사람인지 아닌지는 사실 단정하기가 애매하다. 꽃의 몸통을 잘라서 조립해놓는 게 조화이잖은가.

어쨌거나 앞서거니 뒤서거니 신호등을 수없이 통과하면서 용달차는 용달차대로 나는 나대로 각각의 생각을 가고 있다.

운전하는 동안만큼 상상을 끌어다가 이어 적기로 한다.

그 용달차는 어느 장례식장에 도착한다. 시동이 꺼지자 꽃의 떨림도 끝난다. 운전자는 차 뒤에 꽂아 놓았던 꽃송이부터 살펴본 다음, 조화를 조심스레 내려서 장례식장으로 옮겨 갈 것이다. 고인 가족 중 누군가가 용달차 뒤쪽에 꽂혀 있는 국화 두 송이를 발견하고 잠시 눈길은 주겠지만 곧 지나치기 쉽다. 그러다가 갑자기 잡아채인 것처럼 똬리 져 있던 슬픔이 한순간에 풀려버릴 수도 있다. 아직은 거짓 같은, 죽음으로 펌프질되어 쏟아져 나오는 슬픔.

장례식이 끝나면 조화 업체에서 싱싱하고 온전한 꽃송이들만 추려 간다는

데…. 재사용을 하든 어떠하든 꽃들의 마지막이 좀 늦춰지는 것일 뿐.

상상 속에서 조화 배달을 마무리했다. 그리고는 어떤 생각을 했을까. 당연히 어릴 적 돌아가신 할머니가 떠올랐다.

할머니 할아버지가 우리와 따로 사셨던 적이 있다.

햇살 좋은 날이었다. 국화들이 해님 얼굴로 웃는 마당이었다. 마루에 앉은 할머니는 어린것이 혼자 찾아왔는데도 여전히 국화만 바라보았다. 나는 할머니 쪽 찐 머리 위에 국화꽃을 꽂아 보았다. 꽃이 비녀와 어울려서 보기 좋았다. 할머니 무릎에 누워서 부르는 내 노랫소리는 내가 들어도 너무 좋았다. 할머니도 좋았는지 콧소리를 흥흥거렸다.

국화가 다시 만개하기도 전에, 할머니는 마루 기둥에 기대어 앉은 채 꽃구경 먼저 가시듯 가셨다.

초상집인데 아무도 울지 않았다. 비바람이 대신 울고 있었다. 낯선 아우성이었다. 천둥·번개가 쉴 새 없이 치는데도 들리지 않았다. 정지된 화면 같았다. 이승이 아닌 곳에서 벌어지는 먼 나라 얘기 같았다.

마당에 차양을 치고 돗자리를 펴놓았지만, 온통 진창이었다. 동네 아주머니들은 진창을 다니면서 힘들게 음식상을 차려냈고, 조문객들은 물웅덩이를 피하느라 화단의 경계석들을 마구 밟고 다녔다. 제대로 박혀 있는 게 하나도 없었다. 돌들이 여기저기 나뒹굴었다. 달리아 나리꽃 붓꽃들이 짓밟혀서 마지막 숨을 찌걱찌걱 토해내고 있었다. 새싹 같던 국화꽃나무들은 진창 속 꽃 무더기 속에 파묻혀서 아예 보이지도 않았다.

곡소리가 났다. 큰고모였다. 발걸음을 제대로 떼지 못할 정도로 비틀거리던 큰고모는 토방으로 올라서려다가 물구덩이에 털썩 주저앉아 버렸다. 그리고는 빗물 고인 바닥을 손으로 치며 울었다. 작은아버지가 억지로 일으켜 영정 앞으로 데려간 뒤에도 고모의 곡소리는 영영 멈출 것 같지 않았다.

퍼붓는 비 천둥 번개 사이로 멀어졌다 가까워졌다 커졌다 작아졌다 하는 호곡 소리가 이승에서 떠돈다는 원귀들의 울음소리 같았다.

시신에서 뿜어져 나오는 냄새가 점점 독해졌다. 독특한 그 냄새는 높은 습도 때문에 무척 빠르고 강하게 퍼져갔다. 발인을 도와주던 사람들이 코를 막으며 힘들어 했다.

짓이겨진 국화 새파랗게 어린 이파리들을 보면서 할머니 집 마당 곱디곱던 국화꽃이 겹쳐졌다.

용달차에는 아직도 국화 두 송이가 흔들리고 있다. 국화꽃이 할머니 쪽 찐 머리에서 비녀와 함께 빛나는 햇살 가득한 오후다.

용달차 뒤를 따라 신호등 꺼진 사거리를 지나간다. 이 사거리를 지나 어디로 가야 옛날 그 국화꽃 마당을 볼 수 있을까.

김은옥 ‖ 2015년 《시와문화》 등단. 수필집 『고도를 살다』 있음. 한국작가회의 회원. 시와문화 작가회, 《창작21》 작가회, 《우리시》 회원. jsscy@naver.com

■서평

그러나, 우리의 선택은 언제나 사랑

-이기리, 『그 웃음을 나도 좋아해』, 민음사, 2020.

나 금 숙

시어들과 잠언들은 순간을 찾아 빛을 낸다. 한 시인이 시간을 두고 찾아낸 시의 문장이 그럴 것이다.우리를 둘러싸고 있는 세계가 일순 제 모습을 보여주는 때가 있다. 어린 소년이 빽빽한 생울타리 사이로 들여다 본 성안의 마당처럼, 갑자기 가로막아 선 것들이 사라지고 햇빛 속에 만상의 적요가 나타나는 경험…. 지금 본 것이 과거에도 이곳에 있었다. 태초부터 있던 것들이 지금 새로 탄생되는 순간, 갑자기 익숙하던 거리가 별세계가 되고, 나를 둘러싼 물상들이 새로운 양감과 그늘을 가지고 몸을 트는 순간을 느낄 때, 음악가는 노래를 건지고 시인들은 시를 건지는 것이다. 그것은 내가 본래 있던 곳에서 왔고 내가 돌아가야 할 곳이며 순간이다. 이 본래적인 장소와 시간의 접점, 그 카이로스의 시간에서 이기리 시인의 시는 시작된다.

아이가 돌에 묻은 흙을 턴다
모래가 바람에 날린다
돌을 만지작거리다가

그것을
아빠에게 건넨다
아빠는 고개를 젓는다

돌을 놓친다
아이는 작은 무릎을 감싸며
몸을 동그랗게 만다
떨어뜨린 돌 주위에
모래 알갱이들이 사방에 퍼져 있다
깨진 돌 하나가 밀려오는 물을 받아
축축해진다

아이는 깨진 돌을
가만히 들여다보다가그것을
다시 아빠에게 건넨다
손바닥에 놓인 돌이 반짝인다

이건 주는 게 아니란다
딱딱하고
깨졌고
더럽잖니
얼른 그것을
버려

아빠는 아이의 손을 내치고
해변을 빠져나간다

수평선 위에 노을이 걸터앉는다
해안선이 멀어지고
바다는 수많은 돌들을 바닥까지 끌어당긴다
깊은 곳에서 들리는 목소리

아이가 자꾸만 뒤를 돌아본다

-「가넷, 탄생석」 전문

아이는 아빠를 따라 바닷가에 갔다. 물에 젖은 깨어진 돌이 아이의 눈에는 보석이지만 아빠가 보기에는 지저분하고 깨어진 돌조각일 뿐이다. 어린 아들이 내미는 이 돌멩이를 두 번이나 물리친다.

딱딱하고/ 깨졌고/ 더럽잖니/ 얼른 그것을/버려 라고 나무라기까지 한다. 많은 경우, 돌을 보석으로 보는 아이의 꿈은 짓밟힌다.

종종 아이, 시인, 광인은 차원이 다른 초월적인 세계를 보는데 현실세계에 있는 어른들, 기성 권력자들의 눈에는 그 꿈은 아무 쓸모가 없는 허접쓰레기인 것이다.

그건 누구에게 선물로 주는 게 아니란다라고 점잖게 가르친다. 바다만은 이 돌조각들을 바다의 바닥까지 끌어당긴다. 그 깊은 바닥에서 깨어진 날카로운 돌들은 보석이 되어 먼 훗날 사람들 눈에 띄기도 하고 잊히기도 할 것이다. 등단을 하지 않은 20대로서 김수영 문학상을 받고 첫 시집을 내게 된 시인 자신야말로 흙을 털어 사람들에게 내밀어진 깨어진 돌이었을지 모른다. 어쨌든 이 시 속에는 단순한 신성이 슬픔처럼 깃들어 영원과 깊음으로 우리를 이끌어 준다. 옥타비오 파스가 말한 대로 상호간의 끝없는 생성 과정 속에서 모순은 동일성으로부터 탄생한다. 인간은 끝없이 자기 자신과 합의하고 헤어졌다 다시 합치는 대화이며, 다의성이다. 우리들의 목소리는 여러 목소리이며, 그 여러 목소리는 하나의 목소리이다. 시인은 시적 창조의 수단이며 주체이다.

그는 듣는 귀이며, 스스로의 목소리가 부르는 것을 받아 적는 손이기도 하다. 시인의 의식은 숨겨진 보물처럼 시가 묻혀 있는 동굴이 아니다. 미래의 시 앞에서 시인은 어눌해져서 발가벗고 서 있다. 창조 이전엔 시인이란 존재치 않는다. 그 이후에도 마찬가지다. 그가 시인인 이유는 시 때문이다. 시는 시인의 창조물이지만, 시인 역시 시의 창조물이기도 하다. 파스의 시에 대한 이러한 규명은 시와 대상과의 관계, 시와 시인과의 관계를 성찰하게 하는데 이 시에서도 바다를 내세운 시인의 자기 창조와 동일시가 놀랍다. 아빠로 표상된 낡은 세대가 버리고 가는 미래를, 노을이 걸터앉은 바다의 손에 의해 바다 밑으로 이끌고 가는 것이 또렷이 보인다.

소년은 돌아본다.

돌아보는 아이는 바닥이 깊은 바다이기도 하고 거기 잠겨있는 모서리가 깨어진 형편없는 돌멩이기도 하다. 뒤돌아볼 때 바다와 소년은 이미 하나이다. 한 번 봄으로 말이암아 두 객체가 합 일이 되는, 누가 주체이고 객체인지의 경계가 사라지는 순간이다. 시가 탄생하고 시인이 탄생하는 시점이다. 깊은 곳에서 들리는 목소리는 멀리 있는 바다의 소리가 아니라 자신의 내면에서 나오는 깊은 소리이다. 마지막 연에서 뒤를 돌아보는 것은 멋모르고 가던 길 멈추고 서서 자신의 목소리에 귀를 기울이게 되었다는 것이다.

탄생석 가넷은 석류열매를 상징하는 라틴어에서 나왔는데 좋은 친구가 많이 생긴다는 속설이 있다. 우리의 명징한 의지와 상관없이 불쑥 만나지는 나와 타자와의 만남, 그 신비한 조우는 근원은 알지 못해도 옛적부터 알고 있던 익숙함과 신대륙 같은 낯설음이 있다. 우리가 찾고자 하는 노력과 상관없이 느닷없이 만나지는 오래고도 새로운 친구를 시인은 한없이 광대한, 의식과 무의식의 바다에서 만난 것이다. 그 본원적인 그리움과 숭고함은 아이로 하여금 자꾸만 뒤를 돌아보게 하는 것이다. 말로는 표현할 수 없는 끝없는 자장의 교차점에 그는 서 보았다. 그의 시가 지향하는 먼 미래와 근원에 대한 경외의 태도가 엿보여 사랑스럽고 신뢰가 간다.

예배가 끝나면 친구들과 모여 성경 구절을 나누었다

그날은 한 구절도 준비하지 못해 모임에서 한마디도 하지 않았다
그런 내게 이름도 모르는 친구가 사탕을 주며 웃어주었다

서로 사랑하라는 말을 한목소리로 읽던 날이었다

두 바퀴로 달리는 공원이 초록빛으로 가득했고
친구 뒤를 따라 페달을 밟으면
우린 어느새 원을 그리고 있었다
새 신발을 신고 뜨거운 태양아래에서 손차양을 하며
초대받은 친구 집으로 가는 길에 피어오르는 아지랑이가 풍경을 어지럽혔다

현관문을 열자
옆방에서 어떤 남자아이가 나와
내 입을 틀어막고 나를 소파에 강제로 눕혔다

분명 아무도 없다고 했는데

바지가 반쯤 벗겨졌을 때
친구가 다른 방에서 나왔다
구김이 많은 잿빛 티셔츠를 입고 있었다

집으로 거의 다 돌아와서 본, 한쪽 뒤꿈치가 꺾여 있었다
산책이나 하다 들어가야 한다고 생각했다

-「여름 성경 학교」 전문

하지만 내가 할 수 있는 일은 오직 단 하나의 숲을 걷거나 이 이야기의 끝을 생각해 보는 것뿐이었다

자전거도 없고 종종 죽은 뱀을 보기 일쑤였다 나는 이 이야기가 도무지 마음에 들지 않아 발길이 닿는 곳마다 숲에 있는 식물을 모두 꺾어 버렸다

뒤를 돌아보니 누군가 연못에 빠져 가라앉고 있었다 나는 연못을 향해 달려가다가 어떤 벽에 부딪혀 넘어졌다

꺾인 식물들이 처음부터 다시 자라기 시작했다

-「유리 온실」 부분

시집의 시작이 이러한 나와 내 속의 타자와의 만남으로 시작하였다면 그 나아감은 어디이며 어디로 귀착될 것인가? 원하든 원치 않든 평범에서 비범으로 가기 위해 우리는 강을 건너게 된다. 예를 들어 동족들과 함께 홍해를 건넌 이스라엘 백성은 풍요의 땅 가나안으로 가기 위해 요단강을 다시 건너야 했다. 이번에는 홍해에서처럼 다 같이 건넌 것이 아니라 백성이 다 건널 때까지 강바닥에 서 있어야 하는 열두 명의 제사장이 있어야 했다. 죽음을 상징하는 요단강에 서서 언제 물이 덮칠지 모르는 가운데, 병약하여 느릿느릿 건너가는 최후의 한 사람까지 다 건너고서야 물 밖으로 나올 수 있었다. 어쨌든 강을 건너기 전과 건넌 후의 이들의 생애는 안과 밖에서 달라지는 것이다. 이 시집의 행보도 그러하다.

바닷가의 탄생석을 뒤로 두고 한발 한발 나아가는 시인이 새 신발을 신고 당도한 첫 영토는 입이 틀어막혀져 강제로 눕혀진 소파였다. 반쯤 바지가 벗겨지는 동안 나를 불러간 친구는 이미 구김이 많은 잿빛 티셔츠를 입고 다른

방에서 나온다. 시 속의 주인공은 당했을까? 무엇을? 평행선을 그으며 순탄하게 가던 생이 전복되는 순간이다. 이 지옥 아니면 현묘를 경험하고 눈높이가 널뛰기를 하게 되었을 것이다. 현기증이 두 사람을 삼켜버릴 때 누가 가해자이고 피해자인지 알 수 없는 심연으로 떨어지게 된 것이다. 이 어두운 열정은 돌이킬 수 없는 "치명적 도약"을 가져온 것이다. 그의 새 신발은 이미 뒤꿈치가 꺾여버렸다. 하늘이 땅이 되고 땅이 하늘이 된 것이다. 이 뒤집힌 질서에 대한 불쾌한 쾌감은 그 다음 시에서 더욱 극명하다.

> 엄마가 부엌으로 불렀어요 의자에 앉았어요 엄마가 입술에 뽀뽀를 해 달라고 했어요 제 입술을 벌리더니 혀를 집어넣었어요 입천장에 혓바닥을 붙였어요 엄마 입술은 제 입술을 악어처럼 삼켰어요
>
> -「두 개의 얼굴」 부분

이 시를 제발 엄마가 아닌 애인으로 읽고 싶어서 한동안 그다음 페이지로 넘어가지 못했다. 이기리 시인은 왜 우리에게 이런 충격을 주려고 노리는가? 그가 평이한 행간에서 노리는 낯설음은 가히 가학적이다. 그러나 시차를 두고 몇 번만 읽어보면 이 불쾌하고 잔혹한 놀이는 이미 시인에게 세계를 전복시키는 맛을 알게 했다고 우리 스스로 인정하게 만든다.

강을 건넜으므로 다시는 옛날로 돌아갈 수 없다는 것은 무슨 의미일까? 태아로 태어나는 것 자체가 죽음을 통과하는 것이듯 그러한 탄생 이후에도 우리는 한 번 죽어야 한다는 것이다. 아니 "날마다 죽노라" 한 사도 바울처럼 죽음은 더 깊은 단계로 진행되어야 한다. 모든 것이 뒤죽박죽이 된 죽음같이 황폐한 해골 광야를 만난 뒤에 새로운 질서가 내 속에 생긴다. 그 질서는 삼층천에서부터 지상으로 수직으로 한방에 통하는 질서이기도 하고 내 속에서부터 태어나 윈을 그리며 퍼져가는 완만한 질서이기도 하다. 그때, 무수히 쌓인 마른 뼈들이 맞춰지고 생기가 도는 유기체, 예술 작품은 탄생한다. 혼돈과 죽음

무더기에서 찰나의 질서를 획득하고 지속해 나가는 것은 어쨌든 생생하게 시퍼렇게 살아있는 영혼의 몫이다.

화자는 샤프심으로 친구 뒷머리를 찍기도 하고 친구에 의해 불알을 잡히거나 가랭이에 팔이 넣어져 들리기도 하는 수욕을 겪지만 시집에는 곳곳에서 이 가해와 피해가 뒤섞여 있다. 타자와 나의 구별이 사라지고 결국 공(空)이 되어버리고 공(空)만 남는다. 화자인 시인은 이러한 시적 진술을 이른 나이에 배운 셈인데, 너무 일찍 배워버린 만큼 어떻게 버리는지를 주목해보고 싶다.

숲을 걷다가 종종 죽은 뱀을 보기 일쑤인 생, 시인은 이 이야기가 도무지 마음에 들지 않아 발길이 닿는 곳마다 숲에 있는 식물을 모두 꺾어버린다. 누군가는 이 서사 속에서 연못에 빠져 가라앉아 가고 돌아가서 구출을 시도하려는 나는 유리벽의 저항을 받는다. 그러나 내가 꺾어 던져버린 숲 속의 식물은 아무 일도 없다는 듯이 처음부터 다시 자라기 시작하고 있다. 그러면 질서라는 것은 존재하는 것일까? 뫼비우스의 띠나 우루보로스의 뱀처럼 처음과 나중이 맞물린 순환 속에서 우리가 그악스럽게 움켜잡아야 하는 것은 있기나 한 걸까?

시인은 지속적으로 나아가며 질문한다. 우리의 생의 현재는 항상 "오늘 대출했으므로 당분간 아무도 빌릴 수 없는" 것일 수도 있다. 그래도 "더 많은 것을 약속해 주는" 내일을 기다린다. "당신의 무릎을 베고 떠오르는 해의 밝음과 저무는 해의 밝음이 다른지 물어도 보고 싶었지만 오래 본 얼굴을 더 오래 보아야 아프지 않을 수" 있다. "부르지 않아도 태어나는 이름"을 여전히 기다리며 말이다. 시인의 암울하고도 밝은 서사는 계속되지만 나는 이 한 권의 시집을 새 시집, 그것도 여러 권의 시집인 것처럼 되풀이 읽어야 한다고 다짐한다.

나금숙 ‖ 2000년 《현대시학》 등단. 시집 『레일라 바래다주기』 외 1권 있음. 《시와문화》 편집위원. 서울 시향시낭송회, 수필반 강사. nnn2051@naver.com

■서평

'5월 광주'는 현재진행형이다

–『5월, 눌린 기억을 펴다』를 읽고

장 우 원

오늘 내가 누리는 이 자유는 그냥 주어진 것이 아니다. 민의를 거스르는 독재에 맞선 희생의 결과이다. 가까이는 촛불항쟁이 있었다. 차벽과 물대포를 이겨낸 맨몸들도 있었다. 멀리는 6월항쟁과 더 멀리는 광주민주화항쟁도 있었다. 부마항쟁도 빠뜨릴 수 없다.

그 숱한 항쟁 중 80년 광주는 나를 부끄럽게 한다. 또래가 죽어 나가던 시각에 다른 도시에서 고작 구호 몇 번 외치다 말았기 때문이다. 그 도시를 떠나서도 진실을 다 몰랐기 때문이다. 설혹 알았다 하더라도 비겁하게 회피했을 내 자신이 떠오르기 때문이다.

그래서 지금도 여전히 나는 부끄럽다. 『5월, 눌린 기억을 펴다』(박몽구, 시와문화)를 읽다 말고 눈시울을 붉혔다. 시편들을 읽으며 지금 누리는 이 자유를 거슬러 오르다 마주치는 분노와 부끄러움.

그(박몽구)는 부채를 얘기했다. 42년 동안 짊어진 부채. 광주를 겉돌다 지금의 자유를 누리는 나는 부끄러움을 말하고 광주 안에서 희생을 목도하고 항쟁하다 살아남은 그는 부채를 말한다. 그리고 그는 이제 그 부채가 남아 있던 기억을 어렵게 펴서 이 시집을 상재했다.

그가 말한다. 광주는 미국의 실체를 알려 주었다. 난리 속에 움츠러든 지식인의 민낯을 알려 주었다. 해방공동체가 어떤 모습인지 보여주었다. 민초들이 이룬 대동세상을 깨쳐 주었다. 그는 이 시집에서 항쟁에 나선 민초들을 한 명 한 명 호명한다. 때로는 부를 이름마저 남지 않은 사람들까지 호명해 진혼가를 들려주듯 그들의 최후를 복기했다. 목적은 단 하나. 10일간의 짧은 기간 동안 목숨을 바쳐 그들이 이루고자 했던 세상이 지금 이루어졌느냐고 묻기 위해서다. 남파간첩설을 간악하게 이용한 남북분단이 해결되었느냐고. 자국의 이익을 위해 잔악한 독재도 용인하는 미국의 간섭을 벗어났느냐고. 나라를 위한답시고 민주주의를 가장해 권력과 부를 탐하는 거짓 지식인들을 몰아냈느냐고. 그들이 열었던 "새푸른 하늘"이 한반도 전체를 감싸고 있느냐고.

죽음을 두려워하지 않는 시민들의 참여로
마침내 군부독재의 아성이 무너지면서
거대한 해방구가 건설되었다
부산 마산에서 희생을 무릅쓰며 붙인 도화선
광주 시민들이 하나같이 이어서
제아무리 총과 칼로 눌러도
부족한 것 함께 나누고
이웃들의 상처 함께 떠안아
먹구름 말끔히 걷어내고
밝은 미래 그려진 새푸른 하늘을 열었다

-「부마항쟁의 도화선을 이어」 중에서

그는 '80년 광주'가 현재진행형이라 본다. 그래서 도청이 함락되기 전 만들었던 해방구 광주를 꿈꾸고 있다. 군부독재는 사라졌으나 이제 검찰독재의

망령이 출현하고 한반도 통일은 갈 길이 보이지 않는다. 여전히 자본은 몸짓을 불리고 민초들은 자본의 발아래 소리 없이 죽어 나간다. '기레기'에도 개의치 않고 언론은 재벌이 되어 여전히 여론을 호도하며 권력과 재물에 맛을 들이고 있다. 그래서 그의 꿈도 아직 진행형이다. 42년이나 아프게 눌러두었던 광주를 펴 보이며 간절하게 꾸는 꿈. 그가 그리는 그 꿈 앞에라도, 아직도 집으로 돌아오지 못한 1980년 광주의 내 또래들에게라도 더 이상 부끄럽지 않아야겠다고 나는 또 눈시울이 붉어진다.

마흔둘 장년으로 접어드는 5월의 아침
다시 금남로에 서서 그날을 돌아본다
콩 한 조각도 골고루 나누고
하나같이 담을 헐고 대문을 활짝 열어
저벅저벅 좁혀드는 계엄군의 군화 소리에 막혀
집으로 돌아가지 못하는 아들딸들
따스한 봄밤 이루게 하던
그날 광주 해방구 되찾는 꿈을 꾼다

-「다시 금남로에 서서」 중에서

장우원 ‖ 2015년 《시와문화》 등단. 『나는 왜 천연기념물이 아닌가』, 『안나푸르나 가는 길』 외 있음.
zangweon@hanmail.net

압화처럼 눌렸던 감정의 날개를 활짝 편 공감의 언어!

플라스틱 여자

주선미 제4시집

변형국판, 136쪽, 값 12,000원

울고 싶을 때 울고
화내고 싶을 때 화내는
가슴 뜨겁게 살고 싶은 사람
수화기 너머 있다
헤드셋 벗어던지고
단 한 번만이라도
마음속에 담아둔 말 쏟아내고 싶은 사람
감정을 숨긴 목소리는 그들의 최선
콜센터 감정 노동자
불투명한 창 너머 화살촉 세운 그들은 알까
플라스틱 심장의 신음
차가운 살결만 만져지는 수화기 너머 목소리
식어가는 심장 이어주는 핏줄 찾아
피 한 방울 수혈해 주면 뜨거워질까

주선미 시인은 사특함이 없는 일상어를 채용하면서도, 그것이 내장하고 있는 깊고 다양한 의미를 견인해내고 있다. 고사목을 '생명이 끊긴 줄 알았던 나무/ 맑은 찻잔 올리는 다탁으로 향기 피우고 / 든든한 책상으로 꿈을 받치고 있다' 고 읽음으로써, 생의 다양한 측면을 읽어내고 있는 점도 흥미롭다. 시어의 내면에 숨어 있는 생의 깊은 의미를 견인해내는 상상력은 주선미의 시세계를 한층 깊고 풍부하게 해주고 있다.

–**박몽구**(시인 · 문학평론가)

이 시집은 세상을 향해 불만을 쏟는 이들에게 던지는 시인이 건네는 위로와 권면의 전언이다. 자신을 돌아보는 성찰의 시간을 찾기 위해 자신을 마주해야 할 때라는 것을. '단단한 벽에 기대라고 유혹하는 세상 끊어내고/ 가늘어진 네 다리로 어떻게든 버티려고/ 몸부림치기도 했었'(「뿌리 깊은 탁상공론」)던 시간들을 뒤로 하고, 면벽 수행에 들 듯 자신을 돌아보는 시간이 세상과 나를 사랑하고 구원하는 길이 아니겠는가.

–**이송희**(시인 · 문학평론가)

시와문화사

13955 경기 안양시 동안구 경수대로883번길 33, 103동 204호
전화 031-452-4992, 010-5281-7930 | poetpak@naver.com

시문작가

-시와문화작가회 회보 1

찍은날 2022년 5월 25일
펴낸날 2022년 6월 1일
엮은이 시와문화작가회
펴낸이 박몽구
편집위원 노인수 장우원 이경순 주선미
편집장 장우원

펴낸곳 도서출판 시와문화
주 소 13955 경기 안양시 동안구 경수대로883번길 33,
103동 204호(비산동, 꿈에그린아파트)
전 화 (031)452-4992
E-mail poetpak@naver.com
등록번호 제2007-000005호(2007년 2월 13일)
ISBN 978-89-94833-80-4(03810)

정 가 12,000원